INDEPENDÊNCIA OU MORTE...
Um Negócio de Estado!

coleção **ENTRE ATOS E FATOS**

INDEPENDÊNCIA OU MORTE...
Um Negócio de Estado!

Elzita Melo Quinta
Elzi Nascimento

O elemento ficcional foi usado como recurso didático.
Os fatos aqui narrados baseiam-se em obras que tratam da Independência do Brasil.
A fotografia do quadro "Independência ou Morte" (pág. 6) é de José Rosael,
do *Acervo do Museu Paulista da Universidade de São Paulo.*
Reproduzida com a permissão da USP/MP.

Direção Geral:	Julio E. Emöd
Supervisão Editorial:	Maria Pia Castiglia
Projeto Gráfico:	Vincenzo Scarpellini
Ilustrações:	Negreiros
Revisão de Texto:	Jamir Martins
Assistente Editorial:	Mônica Roberta Suguiyama
Revisão de Provas:	Marisa Batista de Jesus
Impressão e Acabamento:	Cromosete Gráfica e Editora Ltda.

INDEPENDÊNCIA OU MORTE... Um Negócio de Estado!
Copyright © 1999 por **editora HARBRA ltda.**
Rua Joaquim Távora, 629
04015-001 – São Paulo – SP
Promoção: (011) 5084-2482 e 5571-1122. Fax: (011) 5575-6876
Vendas: (011) 5549-2244 e 5571-0276. Fax: (011) 5571-9777

Todos os direitos reservados. Nenhuma parte desta edição pode ser utilizada
ou reproduzida – em qualquer meio ou forma, seja mecânico ou eletrônico,
fotocópia, gravação etc. – nem apropriada ou estocada em sistemas de banco de dados,
sem a expressa autorização da editora.

ISBN (coleção) 85-294-0123-9
ISBN 85-294-0127-1

Impresso no Brasil   *Printed in Brazil*

APRESENTAÇÃO

"Se mais vidas eu tivesse, mais vidas eu daria..."

Uma afirmativa dessas só se faz por muito amor a uma causa... E que causa! Borbulhante, inflamável, negociável...

Nossa história traz lances espetaculares: carregamentos de ouro em troca do reino dos céus, alguns milhares de libras para fazer vista grossa aos desatinos de um certo "rapazinho".

Traz também a fibra e a coragem de alguém que se envolveu até a medula com a ânsia de liberdade e o sonho de um mundo melhor. Nas memórias de nossa história, **Independência ou Morte: Um Negócio de Estado** é o processo da Inconfidência visto do lado de quem a vivenciou mais intensamente.

Nosso convite é o mesmo: você que nos acompanhou em o **Diário de Bordo** de Cabral, em **Banzo, Tronco & Senzala** pode dar seqüência a essa curtição: plugue-se já!

Abra o coração e mergulhe de cabeça nesta aventura sem igual. Os levantes foram significativos, mas o ardil negociador falou mais alto. Tivemos nossa alforria, nosso reconhecimento como livre nação de uma forma jamais vista; um enorme jogo de interesses gerenciou a independência dos verdes e áureos campos de nossa Terra. Mas valeu! Valeu a garra, valeu a fibra.

Falta valer o envolvimento dos brasileiros com sua terra, sua gente, para que o Brasil seja realmente o que é: a nação entre as nações, celeiro do mundo, reserva ambiental da humanidade.

Você não perde por esperar, pois... a história continua. Comunique-se conosco. Participe. Faça uma leitura interativa, registre seu pensamento. Emita opinião.

Elzi & Elzita

Nossos endereços eletrônicos: editorial@harbra.com.br
iopta@internetional.com.br

Esta obra de arte tem o poder de me fazer mergulhar no túnel do tempo.

É muito poética e suntuosa a forma pela qual foi registrado, nesse quadro de Pedro Américo, o momento que definiu a libertação do Brasil Colônia.

D. Pedro não deveria estar tão impecavelmente trajado, porque estava acampado, com sua comitiva, às margens do Riacho Ipiranga, próximo a São Paulo. Lá ele iria dizer ao povo quais seus reais objetivos para com o Brasil, visto que os ânimos andavam exaltados, com as exigências despóticas da Corte Portuguesa.

Pedro Américo, num rasgo de patriotismo e inteligência, registrou com sensibilidade esse momento histórico.

Um enorme jogo de interesses influenciou tudo o que aconteceu. Você sabe que as nações mais ricas ditam normas e costumes aos países de menor expressão econômica. Hoje, como ontem, a história é a mesma.

O Brasil agonizava com a obrigação de mil impostos.

O povo estava enfraquecido e sofrido.

O desmatamento não era menor do que agora. As matas eram destruídas. Madeiras de lei se transformavam em escadarias, móveis, ornamentos que enriqueciam a arquitetura dos castelos opulentos da Europa. A terra estava ferida por tantos veios de ouro e pedras preciosas sugados afoitamente.

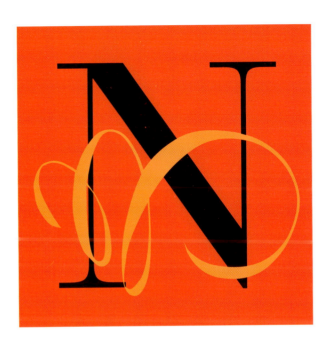

o século XVII, Portugal estava muito endividado e tentava reduzir sua dívida externa repassando o ouro do Brasil aos seus credores.

Enquanto isso, franceses e holandeses aportavam por aqui burlando a vigilância da guarda costeira portuguesa.

Com exceção da invasão do nordeste pelos holandeses, liderados pelo Príncipe João Maurício de Nassau Siengen, as hordas exploradoras não deixaram maiores marcas.

O Príncipe de Nassau até que tentou agir como colonizador, mas as negociações da Corte Holandesa com os investidores europeus o levaram de volta, juntamente com inúmeras riquezas da "Terra da Constelação do Cruzeiro".

Quem visita a Holanda é apresentado às preciosidades que decoram o palácio do reino em Amsterdã. Entre as mais famosas, está a belíssima escadaria de pau-brasil. Um mimo do Príncipe de Nassau quando por aqui esteve, em Pernambuco, para a dinastia dos domadores do temível Mar do Norte.

> No século XVII, Portugal estava muito endividado e tentava reduzir sua dívida externa repassando o ouro do Brasil aos seus credores.

Ah! Pobre Portugal! Era apenas uma ponte por onde transitava a riqueza do solo brasileiro na direção das cortes européias.

Enquanto explorava o braço escravo, o Brasil, por sua vez, se tornava escravo dos produtos manufaturados vindos de muito longe, produtos que pagava a peso de ouro.

Se hoje é moda usar tudo importado, àquela época era uma necessidade. Tanto os senhores de engenho e senzala, como os seus mais humildes serviçais eram trajados com os tecidos importados do Velho Mundo, principalmente da Inglaterra, o grande credor de Portugal.

Tudo isso aumentava o desejo de libertar o Brasil das garras gananciosas dos colonizadores/exploradores.

O poema do Hino da Independência expressa o alívio da angústia que o povo sentia àquela época:

"Já podeis da Pátria filhos
Ver contente a mãe gentil,
Já raiou a liberdade
No horizonte do Brasil!"

Esses versos na verdade já estavam presentes no coração e na mente de todos os brasileiros, desde os derradeiros anos do século XVII. Eu, Tiradentes, os respirei, profundamente, no século XVIII, mas só mais tarde poderia escutá-los, através do túnel do tempo, no horizonte ensolarado deste meu querido Brasil.

Mas para você entender melhor, preciso voltar ao começo do século XVIII, mais precisamente por volta de 1703.

O ESBANJADOR D. JOÃO V, CHAMADO O MAGNÂNIMO, CONSTRUÍA IGREJAS PARA COMPRAR SEU VISTO NO PASSAPORTE PARA O "CÉU" E SE PERDIA EM DESCASO PARA COM TODOS OS SEUS SÚDITOS DA TERRA E, ENTRE ESTES, OS BRASILEIROS.

esbanjador D. João V, chamado o Magnânimo, construía igrejas para comprar seu visto no passaporte para o "céu" e se perdia em descaso para com todos os seus súditos da Terra e, entre estes, os brasileiros.

Você não sabia? Pois é! Não duvide!

Está lá em Portugal, para quem quer ver, o Convento de Mafra com seus 37 sinos, vasos e candelabros de ouro maciço, tudo arrancado das Minas Gerais.

No reinado de Sua Augusta Majestade, o ouro e os diamantes do Brasil brilhavam e entonteciam as cortes européias. Isto tanto era estonteante que a Inglaterra, que tomava pouco a pouco o lugar de Espanha e Portugal no domínio marítimo através da pirataria bancada pela Corte Britânica, entre um chá e outro, aliou-se a Portugal através do Tratado de Methuen.

Este tratado era realmente hilariante: Portugal retinha as reservas, quer dizer, o ouro e as pedras preciosas ainda não descobertas, e a Inglaterra ficava com o que era tangível, visível, arrecadável... Negócio da China, ou melhor, pra inglês ver...

Jogos internacionais, ou como acho melhor dizer: negócios de Estado.

O "reino" proibiu o funcionamento de refinarias de açúcar em 1715, declarou crime a abertura de quaisquer meios de comunicação nas minas em 1729, mandou incendiar teares e fiadores brasileiros em 1785.

Estabeleceu-se o caos e a dependência de tudo de além-mar.

Uma terra tão rica, tão dadivosa, que em se plantando tudo dá, à mercê da Rainha dos Mares.

Portugal, com a lógica dos exploradores, instituiu no Brasil o imposto do quinto, ou seja, a quinta parte de todo o ouro extraído das minas no Brasil deveria ser entregue a Portugal.

Os brasileiros, com o sufoco dos espoliados, encomendavam da Corte, além dos artigos de extrema necessidade, os tratados de civilidade, porque a fortuna fácil gerava uma aspiração maior: enriquecer para ir curtir a vida longe daqui...

Engraçado como a história se repete. Levas e levas de brasileiros procuram hoje outros países em busca do ouro que está cada vez mais difícil...

s metrópoles brasileiras, assim como suas irmãs portuguesas, andavam distantes da higiene. Aquelas pinturas que você vê nos museus retratando negros escravos com grandes potes de barro às costas, ao cair da noite, revelam a ausência de fossas e saneamento básico no Brasil nascente.

Já àquela época era costume jogar nas águas claras dos rios próximos às cidades e vilarejos os dejetos das casas-grandes.

O Brasil dos vice-reis não conhecia os saudáveis hábitos de higiene. Os esgotos a céu aberto que até hoje marcam a proximidade das grandes cidades no Brasil e em todo o Terceiro Mundo são bem uma herança deste hábito anti-higiênico de jogar o lixo por debaixo do tapete. Quer dizer, jogar fora e virar as costas. Como se o ar empestado da poluição ambiental não fosse respirado por toda a região urbana próxima a esses mangues insalubres.

Hoje, os circuitos de esgoto fazem o mesmo serviço dos pobres serviçais. Só que deságuam sua sujeira durante as vinte e quatro horas do dia e pouco é feito no sentido de descontaminar, de limpar os rios que recolhem os detritos das cidades.

Mas pensando alto e sonhando profundo:

> Quem sabe quando você tiver
> consciência ecológica e mais respeito à natureza
> comece a pensar diferente e a agir melhor?

Mas eu estou me desviando do assunto principal.

D. Maria I, a Piedosa, acabou louca de tanto cometer atrocidades com os pobres inconfidentes, em terras brasileiras. Na verdade, é mais conhecida como D. Maria I, a Louca.

epois do esbanjamento de D. João V, o trono de Portugal foi ocupado por D. José I, o quinto rei na dinastia da casa de Bragança.

Nessa época, o terremoto de 1755 destruíra Lisboa parcialmente, mas o realizador Marquês de Pombal a reedificou mais bela e imponente.

O dinâmico Marquês até que tentou recuperar os áureos tempos das grandes descobertas para as finanças portuguesas, mas já era muito tarde.

Sua atuação para o Brasil Colônia foi mais danosa que proveitosa. Pombal "empombou" com os jesuítas e atrapalhou o serviço de educação que eles desenvolviam aqui.

Depois de D. José I, subiu ao trono português D. Maria I, a Piedosa. Tão piedosa que acabou louca de tanto cometer atrocidades com os pobres inconfidentes, em terras brasileiras. Na verdade, é mais conhecida como D. Maria I, a Louca.

Nessa época, a Revolução Francesa e a Independência da América do Norte povoavam a cabeça e o coração dos jovens idealistas das Minas Gerais.

A miséria do povo, os impostos exorbitantes, a escassez das minerações, os vexames, as discriminações de que eram vítimas os brasileiros deram início aos esboços da conspiração.

Vila Rica torna-se o centro das reuniões patrióticas. Entusiasmados, os moços percorrem outras grandes cidades do Brasil, em busca de adesão às suas idéias de "liberdade, ainda que tardia", como trazia em latim a bandeira dos inconfidentes: "Libertas quae sera tamen".

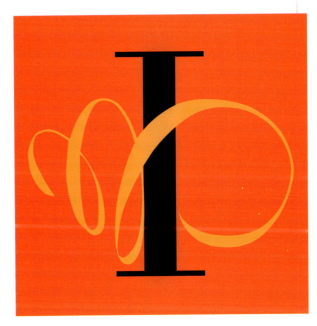

nconfidência... a conspiração da hora... movimento de intelectuais, estudantes, mentes arejadas que traziam em suas bases presenças como de Inácio Alvarenga, Cláudio Manuel da Costa, Tomás Antônio Gonzaga e eu, é claro.

Pernambuco, São Paulo e Europa mostravam-se apaixonados pela emancipação da Colônia. Da Europa só veio mesmo uma carta de incentivo, de Jefferson, embaixador norte-americano em Paris, que o enviado José Joaquim Maia trouxe. E não passou disso.

Não deu para negociar adesões. Estávamos sós, mas esperançosos em nossos ideais de liberdade.

Em nosso entusiasmo fomos traídos por um português de Leiria, Joaquim Silvério dos Reis, que entregou nosso plano infalível para o Visconde de Barbacena. Este o comunicou ao Vice-rei Luís de Vasconcelos, que efetuou minha prisão na cidade do Rio de Janeiro.

Você deve estar curioso para saber nossos planos. Mas vamos com calma!

A quinta parte de tudo o que se extraía nas minas já não era suficiente para recolher como imposto. O famoso "quinto", imposto arbitrário que empobrecia a vida dos trabalhadores da mineração, foi transformado, desde 1750, na cota fixa anual de 100 arrobas (mil e quinhentos quilos) de ouro, independente de quanto fosse a produção total.

EM NOSSO ENTUSIASMO FOMOS TRAÍDOS POR UM PORTUGUÊS DE LEIRIA, JOAQUIM SILVÉRIO DOS REIS, QUE ENTREGOU NOSSO PLANO INFALÍVEL PARA O VISCONDE DE BARBACENA.

Caso a arrecadação desse imposto não atingisse a cota estabelecida, ocorreria a "derrama", ou seja, a cobrança de mais imposto. Os portugueses planejavam invadir as casas daqueles pobres mineradores que não atingissem a cota de ouro estabelecida para arrecadação.

Não entendiam até agora que os abusos da Corte haviam feito sangrar os veios auríferos desta terra.

Por isto, naquele dia, planejávamos atacar.

Acreditávamos ser possível fazer da região das Minas Gerais e do Rio de Janeiro um país separado de Portugal.

Aproveitaríamos a indignação da população e faríamos o motim. Negaríamos o pagamento à Corte e estaria desencadeada a revolução. Contávamos com a vitória, mas esta não se deu.

O traidor de nossa causa ganhou nossa confiança e, na surdina, entregou-nos aos representantes de Portugal. Estes agiram ardilosamente...

Blefe total: Barbacena fez com que a cobrança da derrama fosse suspensa!

Um jogo angustiante de gato e rato deixou todos os inconfidentes com a pulga atrás da orelha.

ouve um suspense aterrador que durou dois longos meses.

Ao final, todos os conspiradores foram presos e condenados. Mas, na hora H, nem todos permaneceram fiéis ao ideal de liberdade. Apenas eu, o alferes Joaquim José da Silva Xavier, de apelido Tiradentes por ser dentista prático, fui condenado à forca, em 21 de abril de 1792.

Cena macabra: ordenaram que meu corpo, após o enforcamento, fosse atado a quatro cavalos, que saíram em disparada, deixando-o esquartejado. O que restou foi exposto nos principais pontos da estrada entre o Rio de Janeiro e Vila Rica, mais precisamente pelos caminhos de Varginha e da Cebola. A cabeça, como obra-prima da Inconfidência, foi colocada em um poste bem alto no centro da praça principal de Vila Rica, para que todos pudessem ver e entender o que acontecia a quem ousasse separar o Brasil da Coroa.

A minha sentença de julgamento e condenação, conhecida como "Autos da Devassa", é uma página memorável da justiça do reinado de D. Maria I:

*"Na manhã de 21 de abril de 1792, Tiradentes,
escoltado pela cavalaria do Vice-rei,
foi conduzido a um grande patíbulo,
na Praça da Lampadosa, na cidade do Rio de Janeiro.
Aí, por volta das 11 horas, sob um sol abrasador,
com os regimentos formados em triângulo,
depois de discursos e aclamação 'à nossa augusta, pia e fidelíssima rainha',
o bode expiatório foi sacrificado."*

A CABEÇA, COMO OBRA-PRIMA DA INCONFIDÊNCIA, FOI COLOCADA EM UM POSTE BEM ALTO NO CENTRO DA PRAÇA PRINCIPAL DE VILA RICA, PARA QUE TODOS PUDESSEM VER...

Ao povo, foi divulgado o edito real:

*"o réu Joaquim José da Silva Xavier foi condenado
à morte morrida natural para sempre;
seus descendentes serão excomungados até a 5ª geração
e sua casa destruída e o terreno salgado
para que nada aí floresça...*

Sua Majestade Augusta D. Maria I, a Piedosa"...

"Piedade" que a levou à loucura. Também pudera!
Mas devo confessar, conforme já afirmei: amo tanto esta terra que *se mais vidas eu tivesse, mais vidas eu daria*. Eu não suportava mais presenciar tanta exploração. *Uni as minhas amarguras às do povo, que eram maiores*, porque a *idéia de libertação tomou conta de mim*.

E, com o nome de Tiradentes, fui bem mais tarde reconhecido herói nacional. E como tudo nesta terra acaba em samba, comigo não poderia ser diferente. Sou lembrado nos versos de Mário Décio para a música de Arnaldo Santiago e Stanislau Silva:

"Joaquim José da Silva Xavier
Morreu a 21 de abril
Pela Independência do Brasil.
Foi traído e não traiu jamais
A Inconfidência de Minas Gerais."

Um adorável sambinha. Mas tudo passa, tudo muda!

stamos no início do século XIX.

Napoleão Bonaparte faz-se proclamar Imperador, através de golpes e negócios de Estado... As cortes européias rendem-se a ele.

A Inglaterra reage e Napoleão manda sitiá-la, impedindo sua comunicação com o continente.

Portugal, parceiro antigo da Grã-Bretanha, não atende às ordens de Bonaparte.

Irritado, Bonaparte decide invadir Portugal e acabar com o Rei e sua Corte. Para isso assina um tratado com a Espanha. Era o ano de 1807.

Num golpe de mestre, embora vacilante, D. João, o príncipe regente, deixa Portugal com a Corte no dia 29 de novembro.

Junot, o general francês destacado pelo imperador da França para invadir Portugal, encontra Lisboa vazia e fica a ver navios.

D. João chega ao Brasil a 22 de janeiro de 1808. Recebido na Bahia, decreta aí a abertura dos portos a todas as nações amigas de Portugal.

O Brasil vive um clima de renovação e apreensão.

As indústrias são declaradas livres.

Grandes instituições são fundadas no Rio de Janeiro: a Escola de Medicina, o Real Teatro São João, o Banco do Brasil, a Escola de Belas Artes, a Academia Militar, o Conselho Militar, a Biblioteca Real, o Jardim Botânico, a Imprensa Régia.

Também em Salvador, na Bahia, é fundada a Escola de Medicina.

Paralelamente a toda essa euforia, uma sociedade de parasitas mama nas tetas do governo. Veja como é velha esta história de oportunismo, de cabide de empregos!

Os apreensivos brasileiros eram surpreendidos com a sigla **P.R.** em suas residências. E aí era um deus-nos-acuda!

Essa era a senha para o saque.

O **P.R.** de Príncipe Regente indicava a apropriação pura e simples do imóvel que com ele estivesse marcado.

Os artilheiros da Brigada Real se encarregavam de abafar os descontentamentos e faziam cumprir o **P.R.**, pondo na rua, sem maiores cerimônias, os proprietários.

O povo logo fez piada com a sigla temida. Para os brasileiros, **P.R.** era simplesmente: **P**onha-se na **R**ua.

E não ficou aí!

Nas recém-criadas instituições e repartições, os melhores cargos eram ocupados pelos súditos originários de Portugal que, diga-se de passagem, perfaziam um total de 10 mil almas vivendo às custas do tesouro do reino.

> Os apreensivos brasileiros eram surpreendidos com a sigla **P.R.** em suas residências. E aí era um deus-nos-acuda! Essa era a senha para o saque.

Os portugueses que viviam aqui receberam cartas e títulos, regalias que mais tarde o filho de D. João iria usar muito bem com seus preferidos da Corte.

Os nobres brasileiros eram o que hoje você chamaria de "emergentes": os novos-ricos.

Com tantos gastos, a Corte faliu, o Banco do Brasil teve de ser fechado, sendo reaberto só muito tempo depois...

Em 1815, com a morte de D. Maria I, o Reino do Brasil torna-se, além de sede da monarquia, Reino Unido a Portugal e Algarves.

Coroado, D. João passa a chamar-se D. João VI.

Enquanto isso, Portugal continuava sob o domínio dos homens públicos da Inglaterra.

D. João VI era bom, mas vivia deprimido e chateado com a deslealdade da esposa Carlota Joaquina, que detestava o Brasil, seu cheiro e sua gente.

Seu filho, D. Pedro, era irresponsável e gastador. Tinha, porém, bom coração mas também estava sujeito a rompantes de autoridade absolutista. Quer dizer: ele se julgava o cabeça das situações e os demais, à sua volta, membros servis dos seus desejos, ordens e contra-ordens. Mas isto nem sempre dá bom resultado. E você verá no que deu esse jeito autoritário de manobrar o reino que chegou a Império.

Como castigo por suas farras, D. Pedro foi casado às pressas com a Arquiduquesa Leopoldina da Áustria, jovem sensível e delicada, mais estadista que o próprio marido, mais brasileira do que muitos dos que aqui haviam nascido.

Com o passar do tempo, os movimentos revolucionários se faziam sentir por toda a parte. D. João foi pressionado para retornar a Portugal.

No momento da despedida, D. João VI – como quem prevê o futuro – disse ao filho:

– Pedro, se o Brasil se separar de Portugal, antes seja para ti, que me respeitarás, do que para algum desses aventureiros.

Um período agitado acontece na monarquia de Portugal.

O Brasil, a mais bela jóia da Coroa Portuguesa, é disputado pela Coroa e pelos próprios brasileiros que anseiam pela independência.

Portugal exige a volta do príncipe regente e o povo brasileiro reage.

Diante de um manifesto de 8.000 assinaturas pela permanência do Príncipe no Brasil, ele responde afirmativamente em 9 de janeiro de 1822: "como é para o bem de todos e felicidade geral da Nação, estou pronto: diga ao povo que fico".

D. Pedro é aclamado pelas ruas do Rio de Janeiro.

O tempo passa e o Príncipe Regente entre sérias decisões e os folguedos da juventude, a pedido do seu megaministro de negócios estrangeiros, José Bonifácio, vai até Minas em busca de unificar o sentimento da liberdade que se fazia tardia.

Enquanto D. Pedro se aproxima das terras paulistanas, Portugal envia novas imposições, que José Bonifácio de Andrada e Silva faz chegar até D. Pedro ainda em viagem.

As últimas ordens de Portugal anulavam todos os atos de D. Pedro, demitiam os ministros por ele nomeados e lhe tiravam toda a autoridade.

Portugal sentia o perigo de perder seu investimento mais rentável: a colônia do Brasil.

Assisto, às margens do Riacho do Ipiranga, à realização do meu mais ardente sonho: a libertação do Brasil da condição de Colônia.

O jovem príncipe não agiu como "rapazinho", como era chamado. Evocando o sentimento de liberdade de minha querida Vila Rica, sem que ninguém esperasse, brada aos quatro ventos o que nós inconfidentes não tivemos condições de fazer: Independência ou Morte! Esse brado ainda deveria soar por todo o mundo conhecido.

Era 7 de setembro de 1822, 4 horas da tarde.

Coroado Imperador, D. Pedro I assume o título de Defensor Perpétuo do Brasil. E como iria defendê-lo!

Em 25 de março de 1824 o Imperador impõe ao Brasil sua primeira Constituição, garantindo-lhe poderes absolutos sobre seu próprio destino. Este fato foi um verdadeiro estopim de revolta.

O Império mais parecia um barril de pólvora.

Exército não existia. O Imperador teve que recorrer a empréstimos, pagando a militares estrangeiros para sufocar os levantes.

Foi assim com a Confederação do Equador, movimento de rebeldia que queria fazer do norte do Brasil uma república.

Pernambuco, Alagoas, Paraíba, Rio Grande do Norte e Ceará, sob a liderança de Frei Joaquim do Amor Divino Rabelo Caneca, encabeçaram esse levante iniciado a 24 de julho de 1824.

Frei Caneca pagou com a vida seu ideal republicano.

Um milhão de libras foi o preço estipulado pelas tropas mercenárias para bloquear Recife, pelo mar, tornando-a incomunicável com o resto do mundo. Mais uma dívida contraída com a Inglaterra.

Ainda em 1824, os Estados Unidos da América do Norte reconhecem a emancipação do Brasil.

Nesse mesmo ano, para ser reconhecido como país independente pelas cortes européias, o Brasil teve que pagar dois milhões de libras esterlinas para Portugal, importância que foi imposta e emprestada pela Inglaterra dando início à história da dívida externa brasileira.

s aventuras amorosas de D. Pedro I e seus rompantes arbitrários desgastaram sua imagem perante o povo.

A independência quase morre.

Ao ver-se desgastado, o Imperador abandonou o País precipitadamente em 7 de abril de 1831, deixando como príncipe regente o seu filho Pedro de apenas 5 anos de idade.

Aí, uma nova história tem início, você não perde por esperar.

ANTES DE FECHAR ESTE LIVRO:

Já parou para analisar a beleza patriótica do Hino da Independência?

Para as comemorações da Independência, no Paço São Cristóvão, D. Pedro compôs, ao piano, a música que acompanha tão bem os versos do eminente jornalista e estadista brasileiro Evaristo da Veiga, expressando o contentamento pela liberdade.

HINO DA INDEPENDÊNCIA

Já podeis da Pátria filhos
Ver contente a mãe gentil,
Já raiou a liberdade
No horizonte do Brasil.

    Brava gente brasileira,
    Longe vá temor servil,
    Ou ficar a Pátria livre,
    Ou morrer pelo Brasil.

Os grilhões que nos forjava
Da perfídia astuto ardil,
Houve mão mais poderosa...
Zombou deles o Brasil

    Brava gente brasileira,
    Longe vá temor servil,
    Ou ficar a Pátria livre,
    Ou morrer pelo Brasil

Não temais ímpias falanges
Que apresentam face hostil.
Vossos peitos, vossos braços,
São muralhas do Brasil.

    Brava gente brasileira,
    Longe vá temor servil,
    Ou ficar a Pátria livre,
    Ou morrer pelo Brasil.

Revoavam tristes sombras
Da cruel guerra civil,
Mas fugiram apressadas
Vendo o anjo do Brasil.

    Brava gente brasileira,
    Longe vá temor servil,
    Ou ficar a Pátria livre,
    Ou morrer pelo Brasil.

Parabéns, ó Brasileiros!
Já com garbo juvenil,
Do universo entre as nações
Resplandece a do Brasil.

    Brava gente brasileira,
    Longe vá temor servil,
    Ou ficar a Pátria livre,
    Ou morrer pelo Brasil.

om o título de D. Pedro I, Defensor Perpétuo do Brasil, tivemos nosso primeiro Imperador.

D. Pedro teve lá, é certo, seus altos e baixos, mas você já parou para pensar que ele abraçou a idéia de liberdade e deu a ela a força necessária para que se realizasse?

A exuberância do quadro de Pedro Américo traz-me todas essas reflexões...

O Brasil, nossa terra, nossa gente
é qual águia imponente
a pairar no céu de anil.

Águia ferida e altaneira,
Espoliada mas sobranceira,
Traça com clareza o seu vôo.

A história tem deslizes e mistificações,
mas resgatar o passado, a luta,
é despertar a força bruta
do gigante adormecido.

"Ao som do mar e à luz do céu profundo"
Fulgura este celeiro do mundo
Esperando o entusiasmo renovado
Dos que se dediquem com vontade
A deixar que a solidariedade
Impere no Brasil.

Das memórias do Inconfidente
Guarde o respeito e a semente
De esperanças infindas
Nesta Terra tão linda
Do meu coração.

"Se mais vidas eu tivesse,
Mais vidas eu daria",
Pois os negócios de Estado
me deixam alarmado
Com o entreguismo nacional.

Sem memória, o brasileiro
Perde espaço, noção e vez,
Este País é o que dele fez
O desamor e a tibiez.

Desperte para o Brasil que sangra
Em suas reservas, em suas matas,
Não permita que piratas
O dilapidem outra vez!

E como nos versos de Drummond
Não quero apenas ser moderno,
Tem um gosto de eterno
O meu amor pelo Brasil.

Assim teria dito Tiradentes